AF356679

ORDONNANCE

DV ROY, PORTANT

tres-exprés commandement à tous Meſtres
de Camp, Capitaines, Chefs & Officiers,
tant de Cauallerie que d'Infanterie, de ſe rendre en leurs Charges dans trois jours apres la
publication de la preſente. Auec pouuoir à
tous Gouuerneurs de ſes Villes & Places,
Maires & Eſcheuins d'icelles, Capitaines &
Gardes des Portes, d'arreſter tous ceux qui
retourneront de ſes Troupes & Armées, s'ils
n'ont leur congé deuëment ſigné.

Donné à Senlis, le 17. Septembre 1636.

ENSEMBLE LA DECLARA-

tion de ſa Majeſté contre les déſerteurs de ſes
Armées. *Veriſiée en Parlement.*

A PARIS,

Par PIERRE ROCOLET, P. METTAYER, &
A. ESTIENE, Imprimeurs ordinaires du Roy.
Au Palais, en la Gallerie des Priſonniers, aux Armes
du Roy & de la Ville.

M. DC. XXXVI.
Auec Priuilege de ſa Majeſté.

LE Roy estant informé que plusieurs Officiers de ses Troupes, tant de Cauallerie que d'Infanterie, quittent ses Armées, où les lieux esquels ils ont ordre de seruir, sans congé de ceux qui y commandent pour sa Majesté, & qu'aucuns se font de faux cõgez, auec lesquels ils passent par tout librement. D'ailleurs

que les Chefs & Officiers se li-
cencient de donner congé à
leurs Soldats, sans considera-
tion du temps, ny des occa-
sions dans lesquelles il est plus
de besoin que leurs Compagnies soient complettes ; Ce
qui fait vn grand prejudice au
seruice de sa Majesté, par l'af-
foiblissemēt de ses armées, dãs
lesquelles le mauuais exemple
d'vn seul est capable d'en atti-
rer plusieurs dans le libertina-
ge, & apporte vne grande ruy-
ne au peuple de la campagne,
par les desordres & violences
que commettent ceux qui se
débandent. Sa Majesté vou-

lant y pouruoir, fait tres ex-
prés commandement à tous
Meftres de Camp, Capitai-
nes, Chefs & Officiers, tant de
Cauallerie que d'Infanterie,
de fe rendre en leurs charges
dans trois jours apres la publication de la prefente, à peine
d'eftre punis comme défer-
teurs de fes armées, felon la rigueur de fa Declaration du
dix-huitiéme Decembre dernier; voulant qu'ils foient ap-
prehendez & mis prifonniers
par les Preuoft des Maref-
chaux ou autres Officiers des
lieux, pour eftre procedé con-
tr'eux conformément à la-

A iij

dite Declaration, laquelle sera publiée de nouueau, auec
la presente, à ce qu'aucun
n'en pretende cause d'igno-
rance ; Faisant sa Majesté tres-
expresses deffenses ausdits
Chefs & Officiers, de quitter
leurs Troupes sans congé du
General de l'armée dans laquelle ils seruiront, ou du
Gouuerneur de la place dans
laquelle ils seront en garnison,
signé de leurs mains, seellé du
cachet de leurs armes, & visé
par l'Intendant de la Iustice de
l'armée où ils seront, & ce
sous les mesmes peines portées par ladite Declaration

contre les déserteurs. Defen-
dant en outre ausdits Chefs &
Officiers, de donner aux gensf-
d'armes , Cheuaux-legers &
Soldats qui sont sous leurs
charges, aucun congé qui ne
soit cacheté du seau de leurs
Regiments ou Compagnies,
& visé de l'Intendant de la Iustice en l'armée où ils seruirõt,
ou du Gouuerneur du lieu où
ils seront en garnison ; Et ausdits Gensd'armes , Cheuaux-
legers & Soldats, de se retirer
des Troupes où ils seront en-
roollez, sans auoir leur congé
deuëment signé, seellé & visé,
comme dit est , à peine de la

vie. Sa Majefté donnant pouuoir à tous Gouuerneurs de
fes Villes & places, Maires &
Efcheuins d'icelles, Capitaines
& Gardes des Portes, Ports,
Ponts, Peages & paffages, &
tous autres fes Officiers & Su-
jets, d'arrefter tous ceux qui
retourneront de fes Troupes
& armées, s'ils n'ont leur congé deuëment figné, feellé &
vifé, comme dit eft, & de fe le
faire reprefenter, foit de gré,
foit de force, fans que cela
puiffe eftre imputé à tort ny
injure à aucun; Et en cas qu'ils
n'ayent leurs congez en bon-
ne forme, les mettre és mains
du

du premier Preuoſt, ou autre
Iuge, pour en eſtre fait juſtice
ſur le champ. Mande & or-
donne ſa Majeſté à ſes Lieutenans Generaux en ſes Armées & Prouinces, Intendants
de la Iuſtice & Police en icelles, Gouuerneurs particuliers
deſdites Villes & Places, Maires, Conſuls, Iurats, Eſcheuins,
& autres Officiers d'icelles, de
tenir la main à la publication
& execution de la preſente.
Et à tous Baillifs, Seneſchaux,
Preuoſts, Viſbaillifs, Viſſene-
chaux, & autres Iuges, de pro-
ceder contre ceux qui auront
contreuenu à la preſente, ſelõ

la rigueur d'icelle , & conformément à ladite Declaration
contre les déserteurs , à peine
de priuation de leurs charges.
Fait à Senlis le dix-septiéme
jour de Septembre, mil six cens
trente-six.

Signé,

LOVIS.

Et plus bas,

SVBLET.

DECLARATION DV ROY,
contre les déserteurs de ses Armées.

Verifiée en Parlement le 20. Decembre 1635.

LOVIS par la grace de Dieu, Roy de France & de Nauarre , A tous ceux qui ces presentes lettres verront, Salut. Ayás cy-deuant recogneu le prejudice que noſtre ſeruice reçoit par la licence que nos gês de guerre prennent de quitter nos armées ſans congé : Pour remedier à ce mal , nous aurions par nos lettres de Declaration du 8. Aouſt dernier , priué de nobleſſe , ceux des Chefs & Officiers de nos troupes qui ſeroient Gentils hommes, qui auroient commis ce crime : condamné les autres de condition roturiere aux galleres:& les ſimples ſoldats, à la mort. Et dautant que leſdites lettres ayant eſté preſentées à noſtre Cour de Parlement de Paris , elle y auroit par ſon Ar-

B ij

reſt du 7. Septembre dernier, apporté quelque
modification, pour reduire leſdites peines à cel-
les qui ont eſté declarées par les anciennes Ordonnances : & que ce deſordre s'eſt rendu ſi fre-
quent, qu'il eſt pluſtoſt neceſſaire d'en arreſter le
cours par de nouuelles ſeueritez, que de donner
lieu de l'accroiſtre par la douceur & la modera-
tion : Nous auons reſolu en confirmant noſdites
lettres, de renouueller la publication des peines
portées par icelles. A CES CAVSES, ayant de
nouueau fait mettre cét affaire en déliberation
en noſtre Conſeil, où eſtoient noſtre tres-cher
& tres-amé Frere vnique le Duc d'Orleans, autres Princes, Officiers de noſtre Couronne, &
grands & notables perſonnages de noſtre-dit
Conſeil : DE L'ADVIS d'iceluy, & de noſtre
certaine ſcience, plaine puiſſance & authorité
Royale, Auons dit & declaré, diſons & declarós,
voulons & nous plaiſt, ſans nous arreſter audit
Arreſt de modification, que tous ſoldats de nos
troupes de Caualerie & Infanterie qui les auront quitté ou quitteront cy-apres, ſans congé
ſeellé du ſeau du Regiment, ou du Capitaine de
Caualerie où ils ſeront enrollez, ſoient punis de
mort. Que les Chefs & Officiers qui ſe ſeront
retirez des armées ſans congé de nos Lieutenãs
Generaux, deuëment ſigné & ſeellé, s'ils ſont
Gentils-hommes, ſoient dégradez des armes &
de nobleſſe, eux & leurs ſucceſſeurs declarez ro-
turiers à perpetuité, & eux incapables de iamais

posseder aucunes charges dans la guerre : Voulons & ordonnons qu'ils soient compris aux rolles des Tailles, & imposez pour icelles par les Esleus & Asséeurs, à peine d'en respondre en leur propre & priué nom. Et pour les autres de condition roturiere, qu'ils soient dégradez des armes, & condamnez aux galleres, pour le temps qui sera arbitré par nos Iuges. Voulons aussi & entendons que pour déclarer les peines portées cy-dessus, contre ceux qui s'en sont rendus dignes, il soit fait par les Intendans de la Iustice estans en nos armées & Prouinces, ou par les Iuges des lieux dans l'estenduë de leur Iurisdiction, vne exacte recherche de ceux qui se seront retirez dans leurs maisons, à peine d'en estre responsables en leurs propres & priuez noms, & d'amende arbitraire contre lesdits Iuges qui n'en feront leur deuoir. Attribuons à cette fin, à tous nos Baillifs, Seneschaux, & Iuges de nos Sieges Presidiaux, Preuosts de nos tres-chers Cousins les Mareschaux de France, Visbaillifs, Visseneschaux, & autres Iuges Royaux, ausquels la cognoissance des cas preuostables appartient par nos Ordonnances, toute cour, jurisdiction & cognoissance dudit crime de désertion de nos troupes & armées, pour juger les coulpables preuostablement, & en dernier ressort, attendu que ledit crime est vn cas militaire, sans qu'ils puissent auoir aucun égard aux appels qui pourroient estre interjettez de

leurs jugemens, lesquels nous voulons pour rai-
son dudit crime de désertion, sortir leur plain &
entier effet ; leur donnant de ce faire entant que
de besoin, plain pouuoir, authorité & mandemét
special par cesdites presentes. Si DONNONS
en mandement à nos amez & feaux les Gens tenans nos Cours de Parlement & Cours des Ay-
des, Intendans de nostre Iustice en nos Prouinces, Baillifs, Seneschaux, Preuosts, Iuges, & leurs
Lieutenans, Presidens, Esleus, & Controlleurs
sur le faict de nos Tailles, & tous autres nos Iu-
sticiers & Officiers qu'il appartiendra, Que ces
presentes ils facent publier & enregistrer cha-
cun en l'estenduë de leur ressort & iurisdiction,
& le contenu en icelles, garder & obseruer selon
leur forme & teneur, sans y contreuenir, ny per-
mettre qu'il y soit contreuenu en aucune ma-
niere: Enjoignant à nos Procureurs Generaux en
nosdites Cours, & leurs Substituts, d'y tenir la
main selon le deuoir de leur charge : Car tel est
nostre plaisir. En témoin dequoy, nous auons fait
mettre nostre seel à cesdites presentes. Donné à
S. Germain en Laye le 18. iour du mois de Decembre, l'an 1635. Et de nostre regne le 26. Signé,
LOVIS. Et sur le reply, Par le Roy, SERVIEN.
Et seellées sur double queuë du grand seau de
cire jaune. Et encor est écrit :

Leües, publiées & regiſtrées, Oüy ce re-
querant & conſentant le Procureur General.

du Roy, & que copies collationnées à l'origi-
nal d'icelles, enuoyées aux Bailliages & Se-
neschaussées de ce ressort, pour y estre pareil-
lement leuës, publiées, registrées & executées
selon leur forme & teneur; A Paris en Parlement le Roy y séant, le 20. jour de Decembre 1635.

Signé,   DV TILLET.